Impressum
Verlag: BABADADA GmbH, Nedderfeld 112 , 22529 Hamburg
Geschäftsführer / Verlagsleitung: Harald Hof
Druck: Books on Demand GmbH, In de Tarpen 42, 22848 Norderstedt

Imprint
Publisher: BABADADA GmbH, Nedderfeld 112 , 22529 Hamburg, Germany
Managing Director / Publishing direction: Harald Hof
Print: Books on Demand GmbH, In de Tarpen 42, 22848 Norderstedt

escola

škola

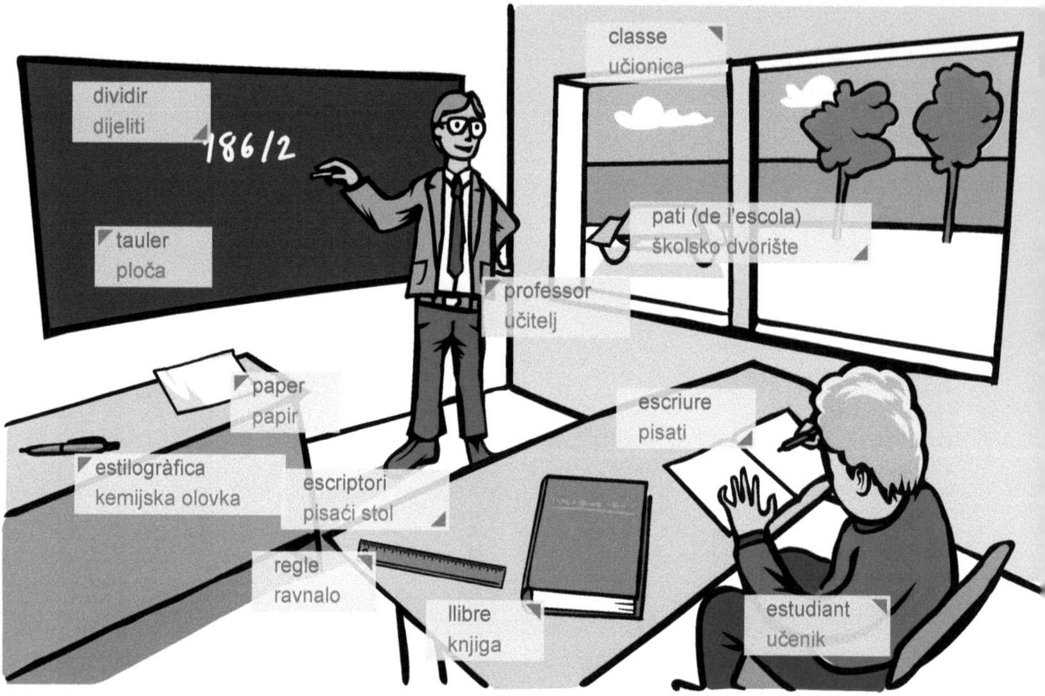
classe
učionica
dividir
dijeliti
186/2
tauler
ploča
pati (de l'escola)
školsko dvorište
professor
učitelj
paper
papir
escriure
pisati
estilogràfica
kemijska olovka
escriptori
pisaći stol
regle
ravnalo
llibre
knjiga
estudiant
učenik

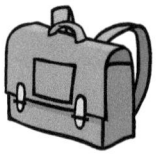

bossa

torba

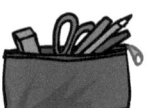

estoig

pernica

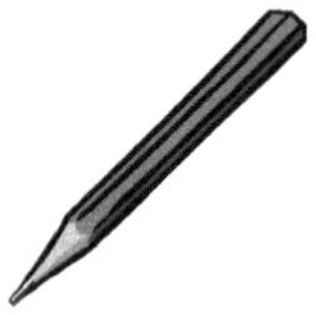

llapis

grafitna olovka

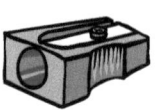

maquineta de fer punta

šiljilo za olovke

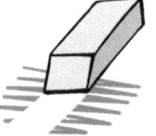

goma

gumica za brisanje

bloc de dibuix

blok za crtanje

dibuix
....
crtež

pinzell
....
kist

capsa de pintures
....
kutija s bojama

tisores
....
makaze

cola
....
ljepilo

quadern d'exercicis
....
bilježnica

deures
....
domaći zadatak

nombre
....
broj

afegir
....
sabirati

sostreure
....
oduzimati

multiplicar
....
množiti

calcular
....
računati

lletra
....
slovo

alfabet
....
abeceda

mot
....
riječ

text
tekst

llegir
čitati

guix
kreda

lliçó
sat

llibre de classe
dnevnik

examen
ispit

certificat
svjedodžba

uniforme escolar
školska uniforma

formació
obrazovanje

enciclopèdia
leksikon

universitat
sveučilište

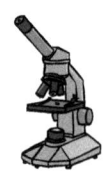

microscopi
mikroskop

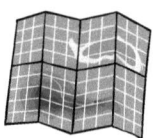

mapa
karta

paperera
košara za papir

escola - škola

viatge
putovanje

hotel
hotel
Grand
alberg
prenoćište
ROOMS
oficina de canvi
mjenjačnica
CHANGE
maleta
kofer
automòbil
auto

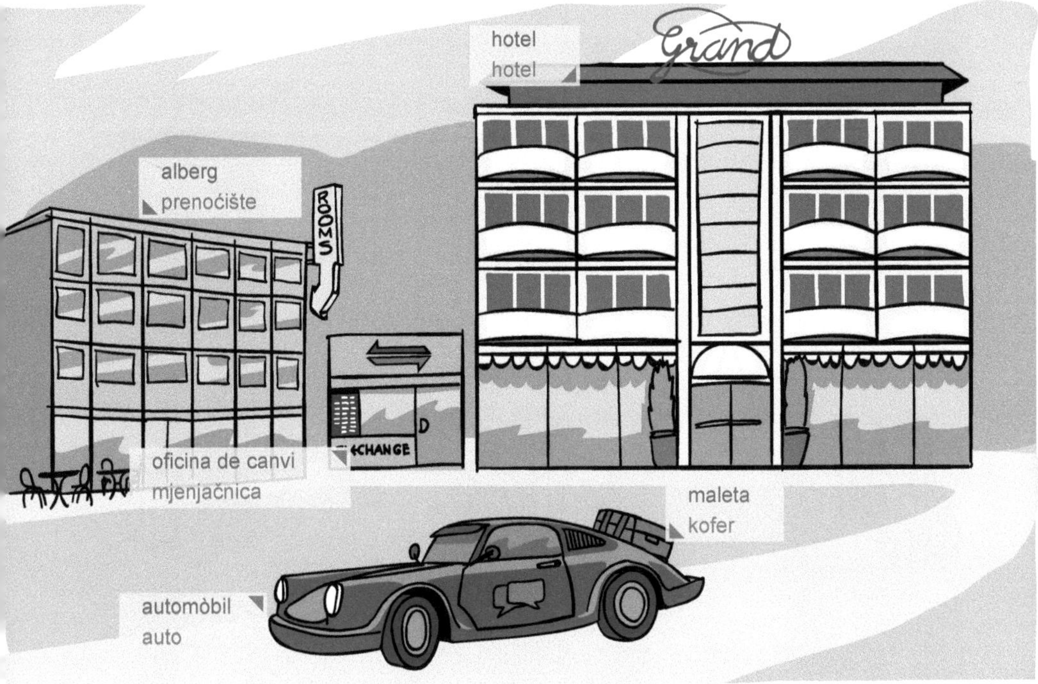

llengua

jezik

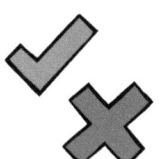

sí / no

da / ne

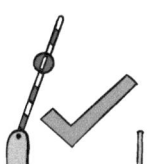

D'acord

okay

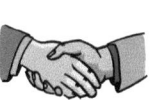

Ey!

zdravo

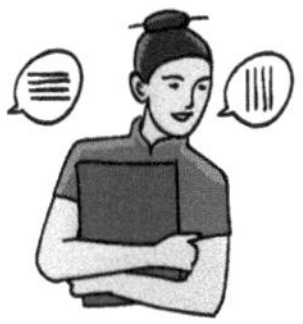

traductora

prevoditelj

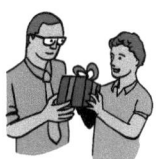

gràcies

hvala

Quant costa... ?

Koliko košta...?

No entenc

ne razumijem

problema

problem

Bona nit!

dobro veče!

bon dia!

Dobro jutro!

bona nit!

Laku noć!

fins aviat

doviđenja

direcció

smjer

bagatge

prtljaga

bossa

torba

sarrona

ruksak

convidat

gost

cambra

soba

sac de dormir

vreća za spavanje

tenda

šator

oficina de turisme

turističke informacije

platja

plaža

carta de crèdit

kreditna kartica

esmorzar

doručak

dinar

ručak

sopar

večera

bitllet

karta za vožnju

ascensor

dizalo

segell

poštanska markica

frontera

granica

duana

carina

ambaixada

ambasada

visat

viza

passaport

putovnica

transport

transport

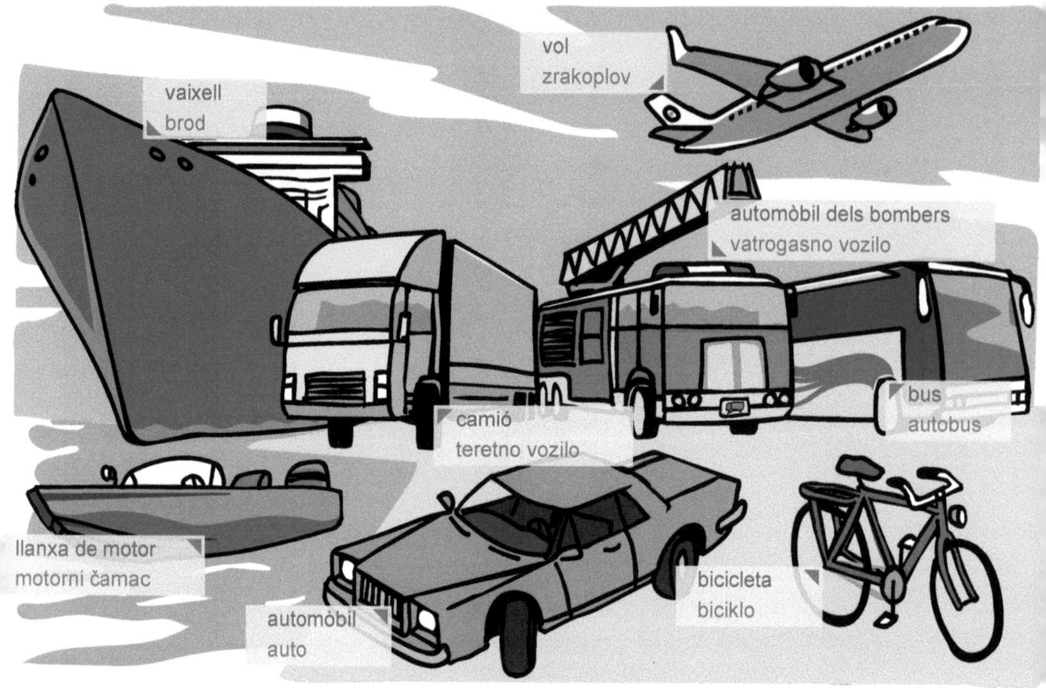

vol
zrakoplov
vaixell
brod
automòbil dels bombers
vatrogasno vozilo
bus
autobus
camió
teretno vozilo
llanxa de motor
motorni čamac
bicicleta
biciklo
automòbil
auto

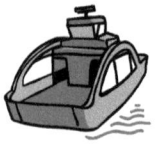

transbordador

trajekt

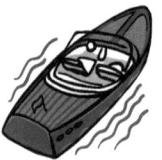

barca

čamac

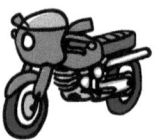

moto

motocikl

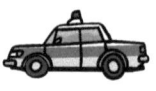

automòbil de policia

policijski auto

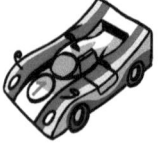

automòbil de curses

trkaći auto

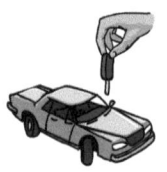

automòbil de lloguer

iznajmljeno auto

vehicle compartit

dijeljenje automobila

grua

vučno vozilo

camió de les escombraries

vozilo za odvoz smeća

motor

motor

benzina

benzin

benzineria

benzinska postaja

senyal de trànsit

prometni znak

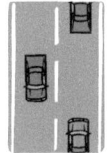

trànsit

promet

embús

zastoj

aparcament

parkiralište

estació de trens

kolodvor

vies

šine

tren

vlak

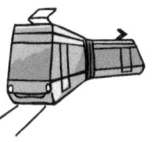

tramvia

tramvaj

vagó

vagon

helicòpter

helikopter

aeroport

zrakoplovna luka

torre

toranj

passatger

putnik

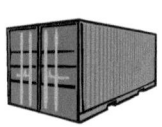

contenidor

kontejner

capsa de cartó

karton

carretó

kolica

cistella

košara

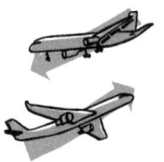

enlairar-se / aterrar

uzletjeti / sletjeti

ciutat

grad

poble

selo

centre de la ciutat

centar grada

casa

kuća

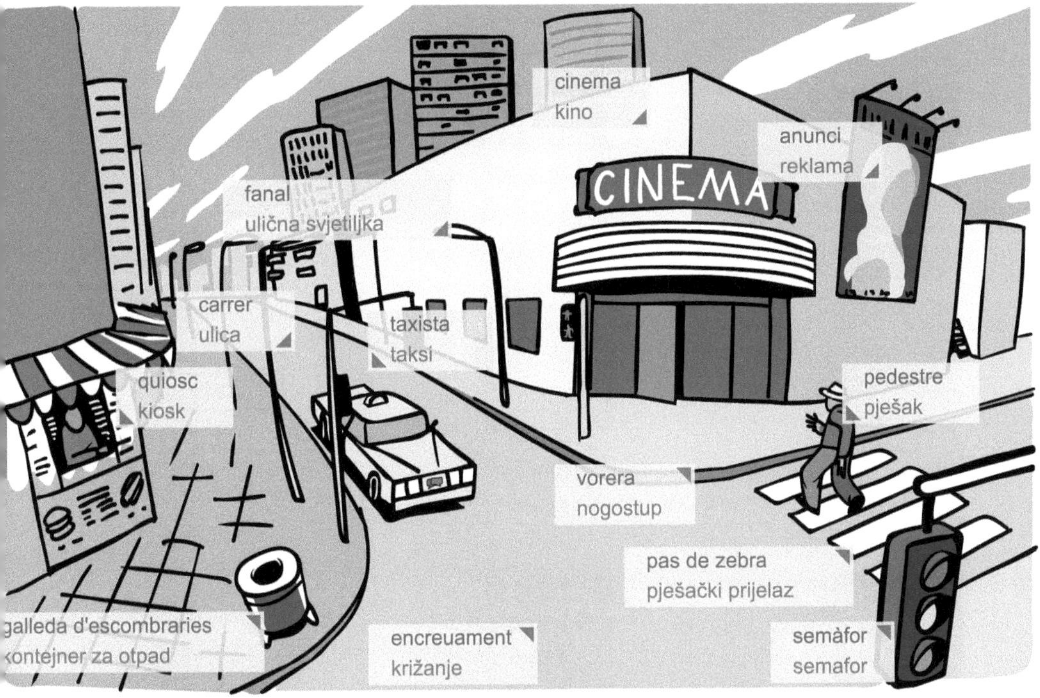

cinema
kino

anunci
reklama

fanal
ulična svjetiljka

carrer
ulica

taxista
taksi

quiosc
kiosk

pedestre
pješak

vorera
nogostup

pas de zebra
pješački prijelaz

galleda d'escombraries
kontejner za otpad

encreuament
križanje

semàfor
semafor

cabana

koliba

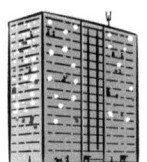

apartament

stan

estació de trens

kolodvor

casa de la vila-ciutat

vijećnica

museu

muzej

escola

škola

ciutat - grad

universitat

sveučilište

banca

banka

hospital

bolnica

hotel

hotel

farmàcia

ljekarna

oficina

ured

llibreria

knjižara

botiga

prodavaonica

floristeria

cvjećara

supermercat

supermarket

mercat

trg

gran magatzem

robna kuća

peixateria

ribarnica

centre comercial

trgovački centar

port

luka

parc
park

banc
klupa

pont
most

escala
stepenice

metro
podzemna željeznica

túnel
tunel

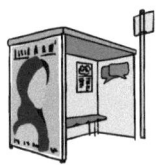

parada d'autobús
autobusna stanica

bar
bar

restaurant
restoran

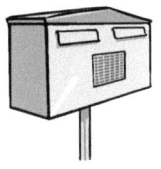

bústia de correu
poštansko sanduče

senyal indicador
ulični znak

parquímetre
parkirni sat

zoo
zoološki vrt

piscina
bazen

mesquita
džamija

granja

seosko gazdinstvo

pol·lució

zagađenje okoliša

cementiri

groblje

església

crkva

parc infantil

igralište

temple

hram

paisatge
krajolik

fulla
list

cartell indicador
putokaz

camí
put

prat
livada

pedra
kamen

arbre
drvo

excursionista
šetač

riu
rijeka

gespa
trava

flor
cvijet

vall

dolina

muntanya

planina

llac

jezero

bosc

šuma

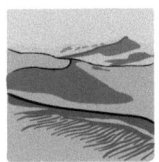

desert

pustinja

volcà

vulkan

castell

dvorac

arc de Sant Martí

duga

bolet

gljiva

palmera

palma

moscard

moskito

mosca

muha

formiga

mrav

abella

pčela

aranya

pauk

escarabat

buba

granota

žaba

esquirol

vjeverica

eriçó

jež

llebre

zec

òliba

sova

ocell

ptica

cigne

labud

senglar

divlja svinja

cervo

jelen

ant

los

presa

nasip

turbina

vjetrenjača

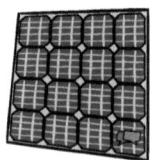

panell solar

solarna ploča

clima

klima

restaurant

restoran

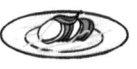

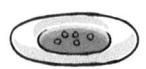

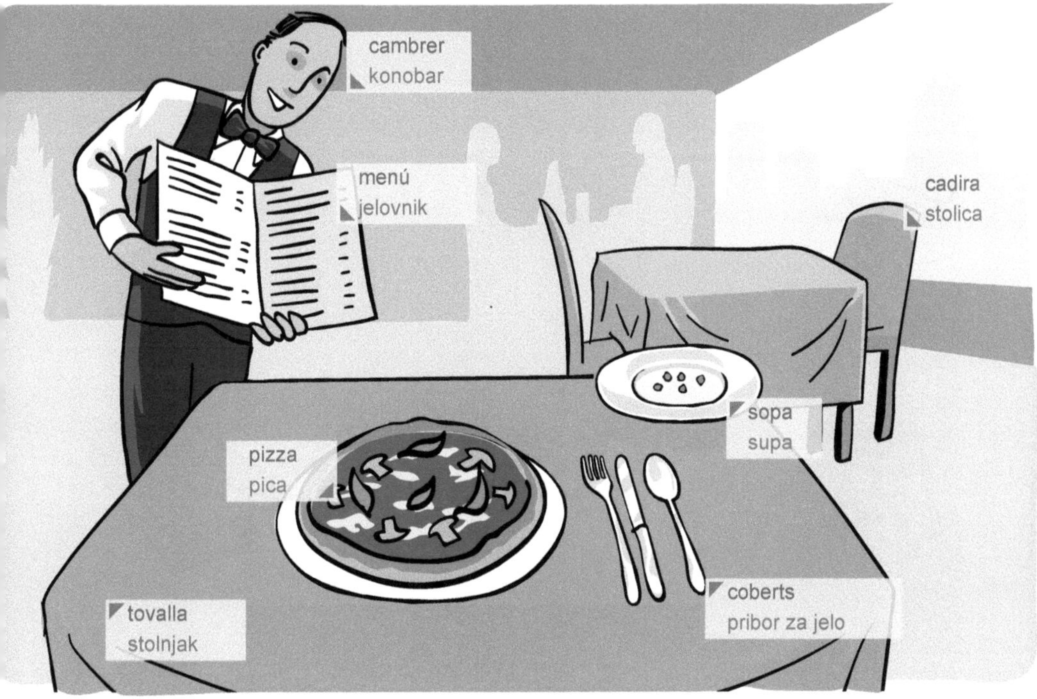

cambrer
konobar
menú
jelovnik
cadira
stolica
sopa
supa
pizza
pica
coberts
pribor za jelo
tovalla
stolnjak

primer plat

predjelo

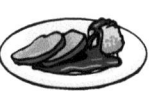

plat principal

glavno jelo

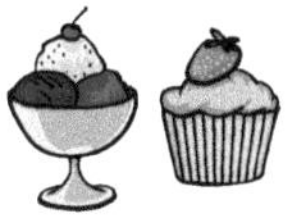

darreries

desert

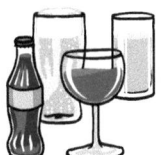

begudes

napitci

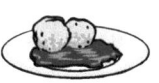

menjar

jelo

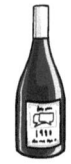

ampolla

boca

menjar ràpid

fastfood

menjar de carrer

imbis hrana

tetera

čajnik

sucrer

doza za šećer

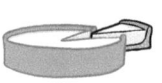

porció

porcija

màquina d'espresso

aparat za espresso

trona

visoka stolica

factura

račun

plata

pladanj

ganivet

nož

forqueta

vilica

cullera

žlica

cullereta

čajna žlica

tovalló

ubrus

got

čaša

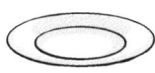

plat
tanjur

plat de sopa
tanjur za supu

plateret
tanjurić

salsa
sos

saler
soljenka

molinet de pebre
mlin za biber

vinagre
ocat

oli
ulje

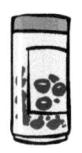

espècies
začini

quètxup
kečap

mostassa
senf

maionesa
majoneza

supermercat
supermarket

oferta especial
ponuda
client
kupac
productes lactis
mliječni proizvodi
FOR
fruites
voće
carret de la compra
kolica za kupnju

BUTCHERS

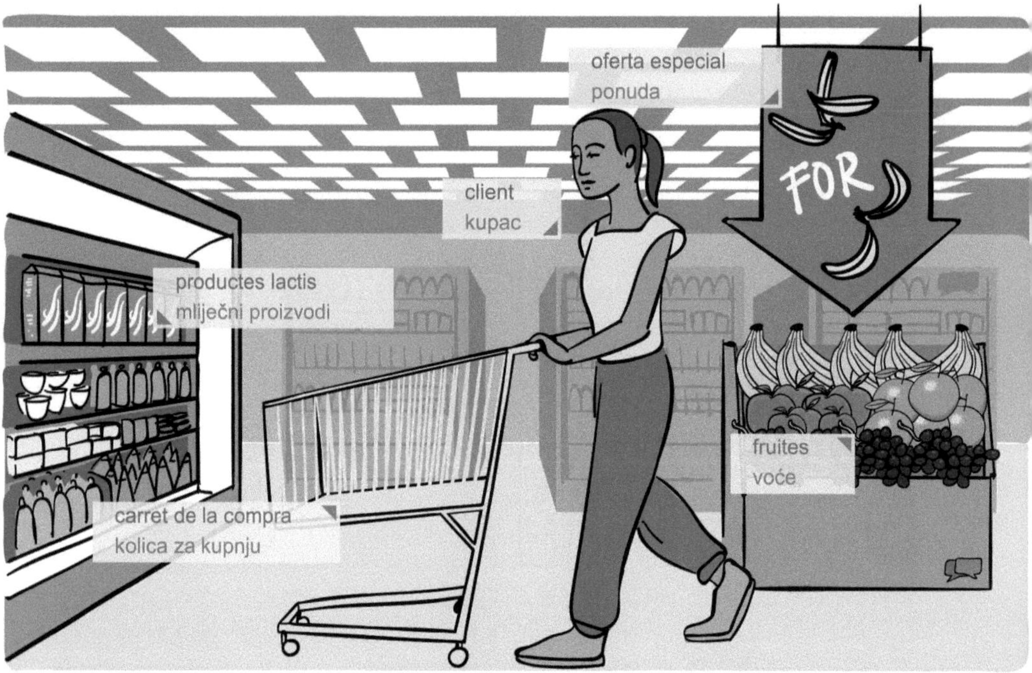

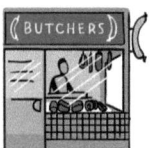

carnisseria

mesnica

BAKERY

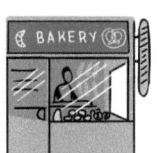

forn de pa

pekarnica

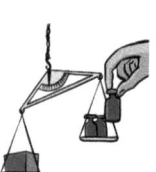

pesar

vagati

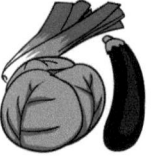

verdures

povrće

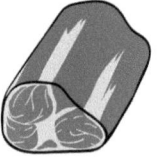

carn

meso

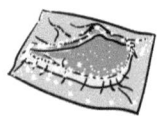

menjar congelat

duboko smrznuta hrana

carn freda

narezak

conserves

konzerve

detergent en pols

sredstvo za pranje

dolços

slatkiši

articles domèstics

artikli za domaćinstvo

productes de neteja

sredstva za čišćenje

venedora

prodavačica

caixa registradora

blagajna

caixera

blagajnik

llista de la compra

lista za kupnju

horari d'obertura

vrijeme rada

portamonedes

novčanik

carta de crèdit

kreditna kartica

bossa

torba

bossa de plàstic

plastična vrećica

aigua

voda

suc

sok

llet

mlijeko

coca-cola

cola

vi

vino

cervesa

pivo

alcohol

alkohol

cacau

kakao

te

čaj

cafè

kava

espresso

espresso

cappuccino

cappuccino

banana

banana

poma

jabuka

taronja

naranča

síndria

lubenica

llimona

limun

pastanaga

mrkva

all

češnjak

bambú

bambus

ceba

luk

bolet

gljiva

avellanes

orašasti plodovi

fideus

rezanci

espaguetis

špagete

arròs

riža

amanida

salata

patates fregides

pomfrit

patates fregides

pečeni krumpir

pizza

pica

hamburguesa

hamburger

entrepà

sendvič

escalopa

šnicla

cuixot

pršut

salami

salama

salsitxa

kobasica

pollastre

kokoš

rostit

pečenje

peix

riba

flocs de civada

zobene pahuljice

musli

musli

cereals

kukuruzne pahuljice

farina

brašno

croissant

roščić

panet

pecivo

pa

kruh

torrada

toast

bescuits

keksi

mantega

maslac

mató

svježi sir

pastís

kolač

ou

jaje

ou fregit

jaje na oko

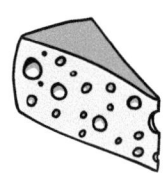

formatge

sir

menjar - jelo

gelat

sladoled

sucre

šećer

mel

med

melmelada

marmelada

crema de xocolata

nugat krema

curri

curry

granja
seosko gazdinstvo

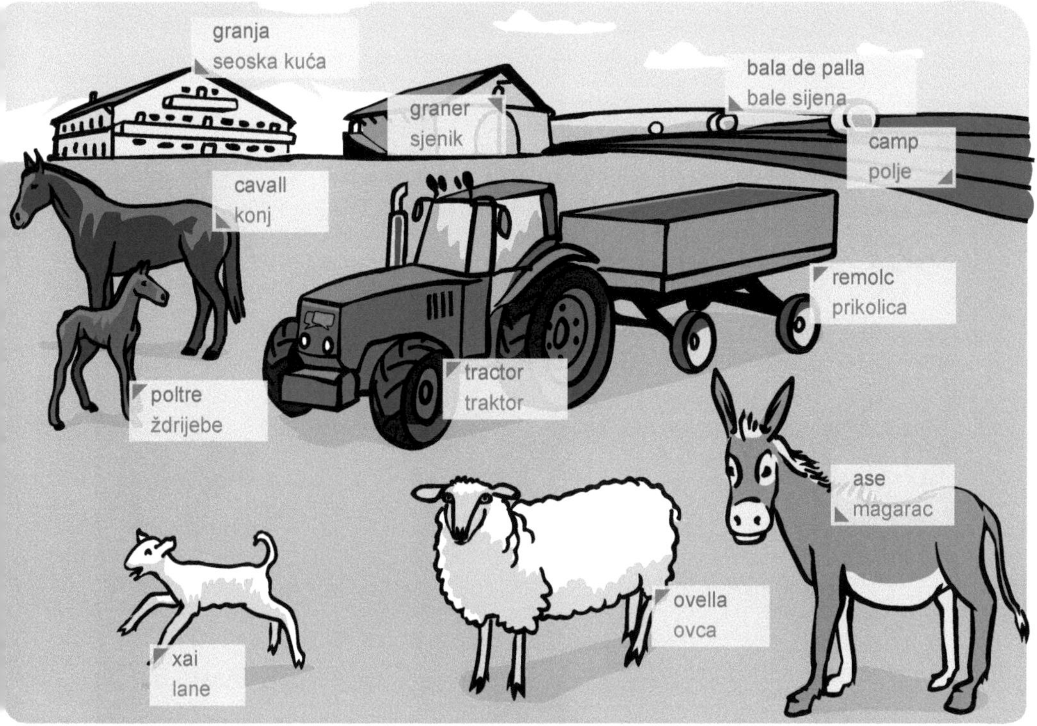
granja
seoska kuća
graner
sjenik
bala de palla
bale sijena
camp
polje
cavall
konj
remolc
prikolica
tractor
traktor
poltre
ždrijebe
ase
magarac
ovella
ovca
xai
lane

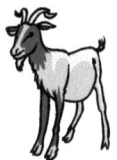

cabra
koza

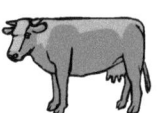

vaca
krava

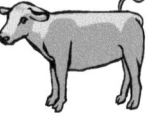

vedella
tele

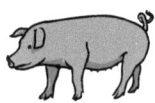

porc
svinja

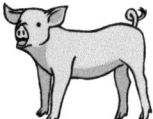

garrí
prase

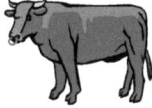

bou
bik

oca

guska

ànec

patka

poll

pilići

gall

kokoš

gallina

pijetao

rata

pacov

gat

mačka

ratolí

miš

bou

vol

gos

pas

gossera

kućica za psa

mànega de regar

vrtno crijevo

regadora

kanta za polijevanje

dalla

kosa

arada

plug

falç
....
srp

aixada
....
motika

forca
....
vilica za gnojivo

destral
....
sjekira

carretó
....
tačke

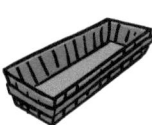

abeurador
....
korito

lletera
....
posuda za mlijeko

sac
....
vreća

tanca
....
ograda

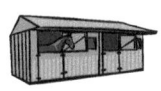

establa
....
štala

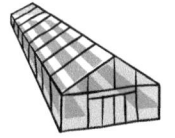

hivernacle
....
staklenik

sòl
....
zemlja

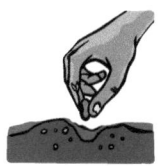

llavor
....
sjeme

adob
....
gnojivo

collidora
....
kombajn

granja - seosko gazdinstvo

collir

žanjati

collita

žetva

nyam

yams začin

blat

pšenica

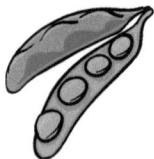

soja

soja

patata

krumpir

blat de moro o d'indi

kukuruz

colza

uljana repica

arbre fruiter

voćka

mandioca

gomolj manioke

cereals

žitarice

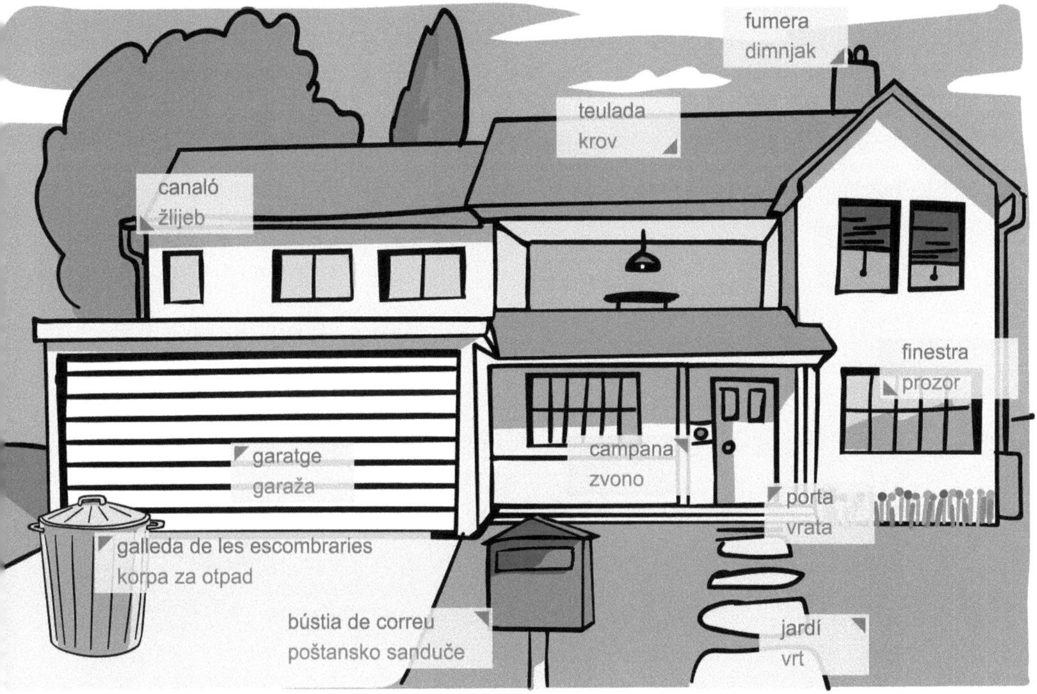

fumera
dimnjak

teulada
krov

canaló
žlijeb

finestra
prozor

garatge
garaža

campana
zvono

porta
vrata

galleda de les escombraries
korpa za otpad

bústia de correu
poštansko sanduče

jardí
vrt

sala d'estar

dnevna soba

bany

kupaonica

cuina

kuhinja

cambra de dormir

spavaća soba

cambra de nen

dječija soba

menjador

trpezarija

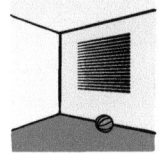

sòl

pod

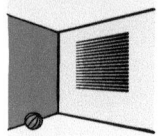

paret

zid

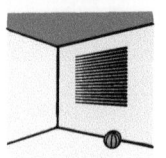

sostre

strop

soterrani

podrum

sauna

sauna

balcó

balkon

terrassa

terasa

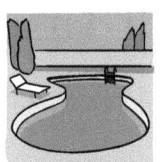

piscina

bazen

tallagespa

kosilica za travu

vànova

posteljina za krevet

cobrellit

deka za krevet

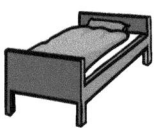

llit

krevet

escombra

metla

galleda

kanta

interruptor

sklopka

sala d'estar

dnevna soba

paper de paret
tapeta
quadre
slika
làmpada
svjetiljka
prestatge
regal
armari
ormar
televisor
televizija
escalfapanxes
kamin
flor
cvijet
coixí
jastuk
sofà
kauč
gerro
vaza
telecomanda
daljinski upravljač

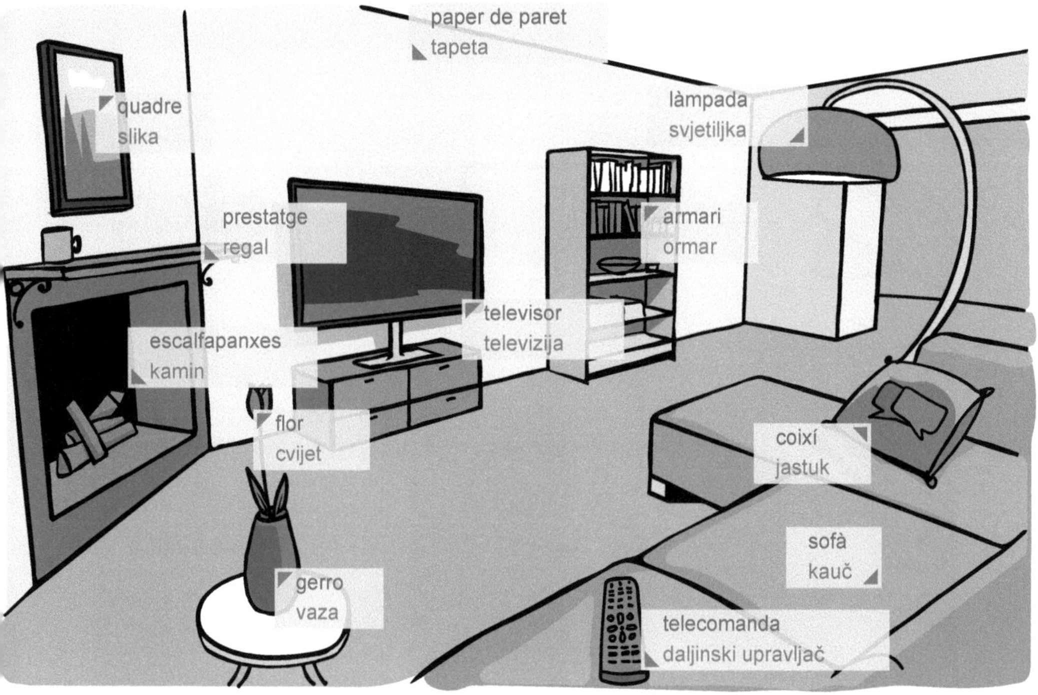

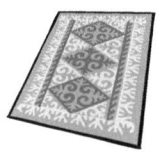

catifa

tepih

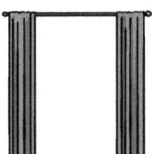

cortina

zavjesa

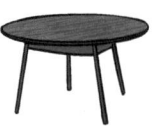

taula

stol

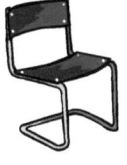

cadira

stolica

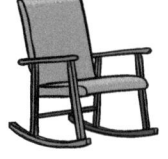

cadira gronxadora

stolica za njihanje

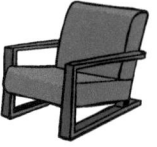

cadiral

fotelja

llibre

knjiga

llençol

deka

decoració

dekoracija

llenya

drvo za ogrjev

film

film

cadena de música

stereo uređaj

clau

ključ

diari

novine

pintura

slika na platnu

cartell

poster

ràdio

radio

bloc de notes

blok za pisanje

aspiradora

usisavač

cactus

kaktus

candela

svijeća

cuina
kuhinja

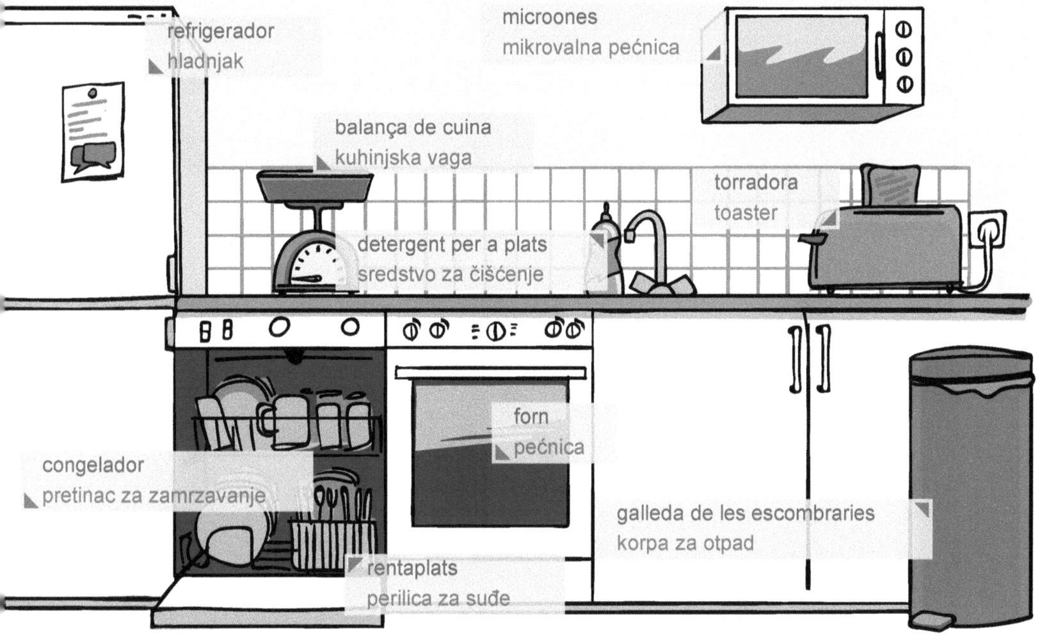
refrigerador
hladnjak
microones
mikrovalna pećnica
balança de cuina
kuhinjska vaga
torradora
toaster
detergent per a plats
sredstvo za čišćenje
forn
pećnica
congelador
pretinac za zamrzavanje
galleda de les escombraries
korpa za otpad
rentaplats
perilica za suđe

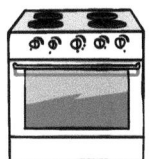

cuina de fogons

štednjak

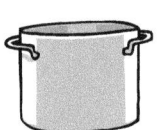

olla

lonac

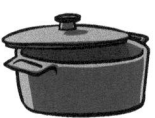

olla de ferro colat

željezni lonac

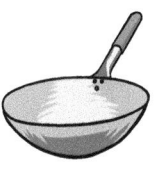

wok / karahi

wok / kadai

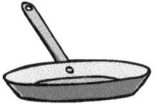

paella

tava

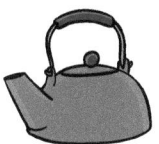

bullidor

kuhalo za vodu

olla de vapor

kuhalo na paru

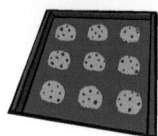

plata de forn

lim za pečenje

vaixella

posuđe

tassa grossa

čaša

bol

zdjela

bastonets xinesos

štapići za jelo

culler

kutljača

espàtula

lopatica

batedor

pjenjača

colador

sito za kuhanje

sedàs

sito

ratllador

ribež

morter

mužar

barbacoa

roštilj

foc a terra

ognjište

taula de tallar

daska

corró

oklagija

llevataps

vadičep

pot de conserva

konzerva

obridor

otvarač konzervi

agafador

krpa za lonac

aigüera

sudoper

raspall

četka

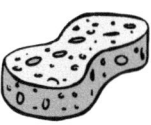

esponja

spužva

batedora

mikser

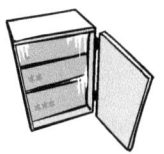

congelador

zamrzivač

biberó

bočica za bebe

aixeta

slavina za vodu

bany
kupaonica

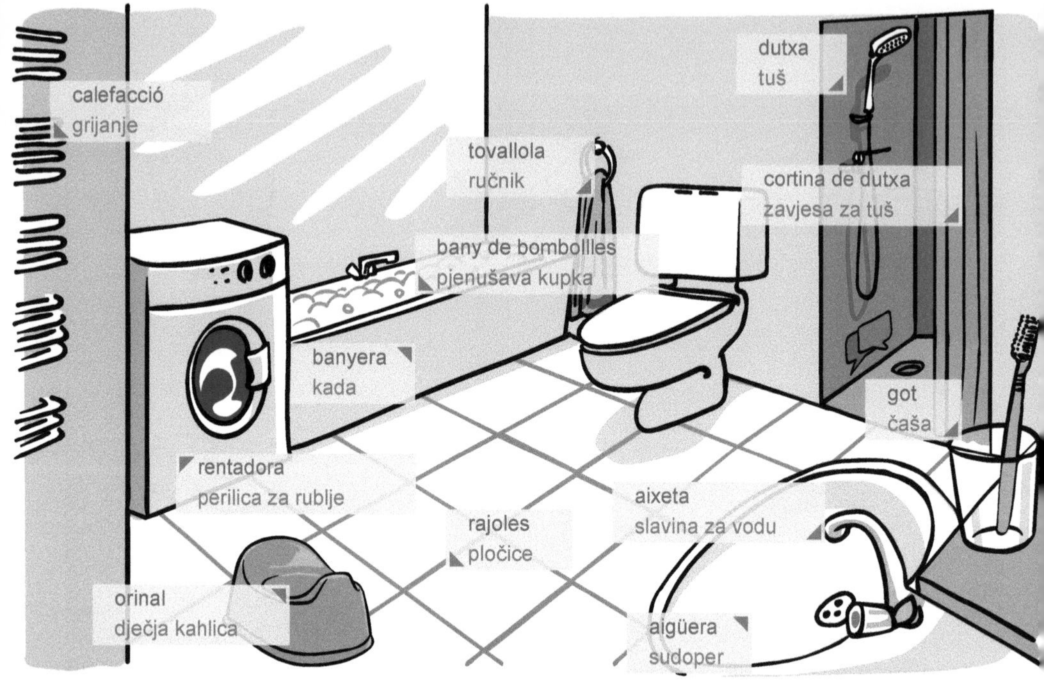

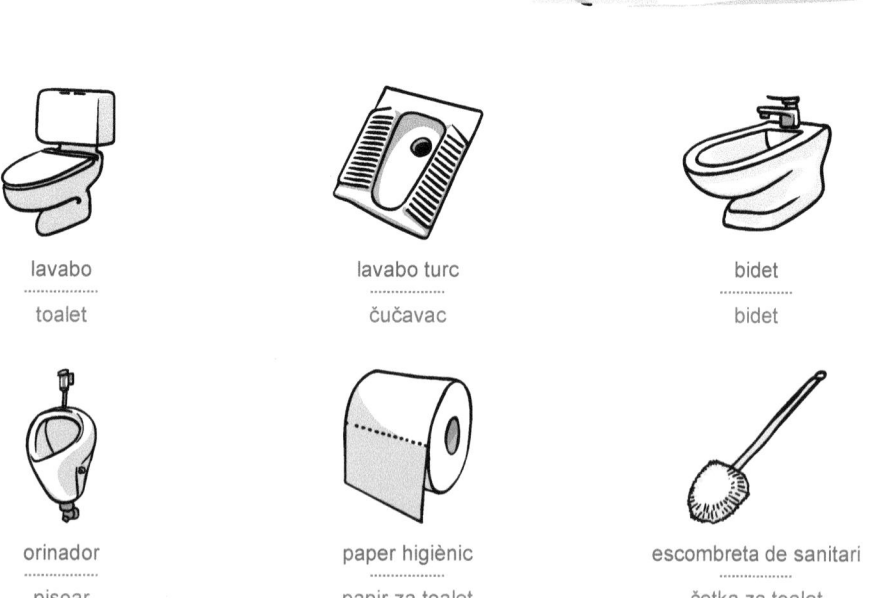

calefacció
grijanje
dutxa
tuš
tovallola
ručnik
cortina de dutxa
zavjesa za tuš
bany de bombolles
pjenušava kupka
banyera
kada
got
čaša
rentadora
perilica za rublje
aixeta
slavina za vodu
rajoles
pločice
orinal
dječja kahlica
aigüera
sudoper

lavabo

toalet

lavabo turc

čučavac

bidet

bidet

orinador

pisoar

paper higiènic

papir za toalet

escombreta de sanitari

četka za toalet

raspall de dents

četkica za zube

pasta de dents

pasta za zube

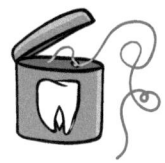

fil dental

konac za zube

rentar

prati

pom de dutxa

tuš ručica

dutxa íntima

tuš za pranje intimnih dijelova

rentamans

lavor

raspall per a l'esquena

četka za pranje leđa

sabó

sapun

gel de dutxa

gel za tuširanje

xampú

šampon

manyopla de bany

krpa za pranje

bonera

odvod

crema

krema

desodorant

dezodorans

mirall

ogledalo

mirall-espill de mà

kozmetičko ogledalo

maquineta de rasar

brijač

espuma de barbejar

pjena za brijanje

loció post-rasada

losion za poslije brijanja

pinta

češalj

raspall

četka

eixugador

sušilo za kosu

laca

sprej za kosu

maquillatge

makeup

pintallavis

ruž za usne

esmalt d'ungles

lak za nokte

cotó

vata

tallaungles

škare za nokte

perfum

parfem

estoig de bellesa

neseser

tamboret

stolica

bàscula

vaga

barnús

ogrtač

guants de goma

rukavice za čišćenje

compresa higiènica

tampon

compresa

uložak

sanitari químic

kemijski toalet

cambra de nen
dječija soba

despertador
budilnik
animal de peluix
plišana igračka
auto de joguina
auto igračka
sonall
zvečka
casa de nines
kućica za lutke
present
poklon

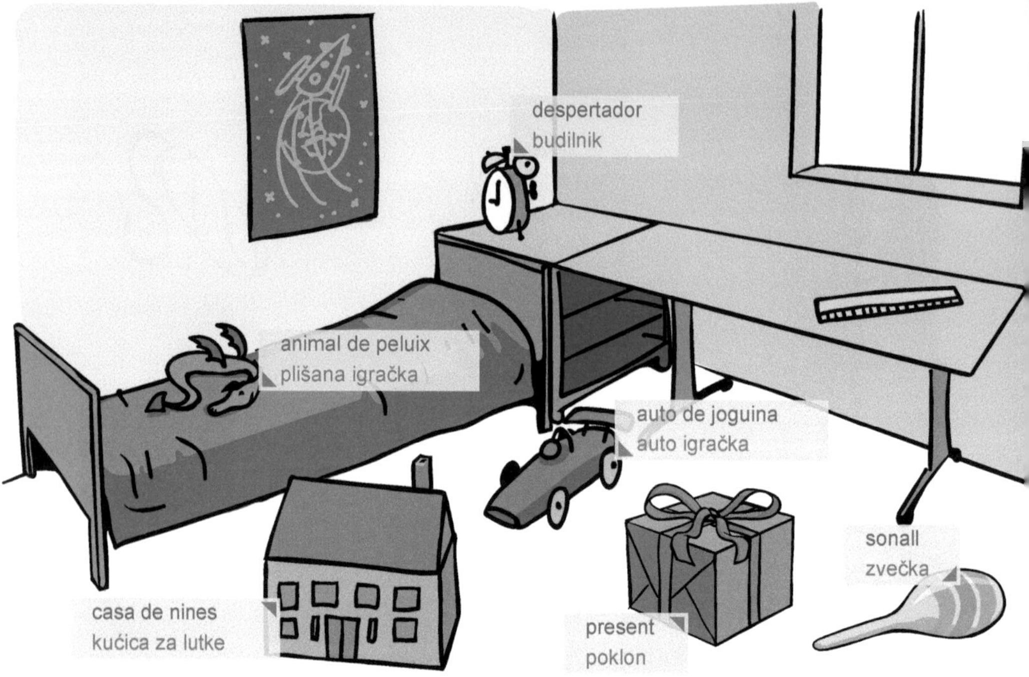

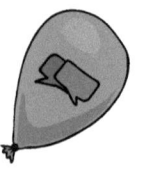

baló

balon

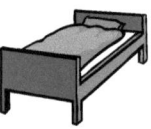

llit

krevet

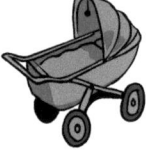

cotxet per a nens

dječija kolica

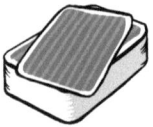

joc de cartes

igra s kartama

trencaclosca

slagalica

SUPER
MEGA

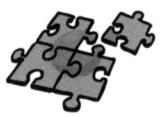

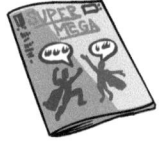

historieta

strip

peces de lego
....
lego kockice

peces de construcció
....
kockice za slaganje

ninot d'acció
....
akcioni junak

granota
....
kombinezon za bebe

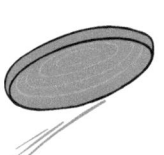

frisbee
....
frizbi

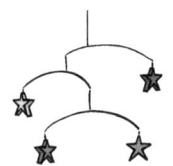

mòbil per a bressol
....
viseće igračke

joc de taula
....
društvene igre

daus
....
kocka

tren elèctric
....
minijaturna željeznica

xumet
....
duda

festa
....
tulum

llibre de dibuixos
....
slikovnica

pilota
....
lopta

nina
....
lutka

jugar
....
igrati

sorrera

pješčanik

gronxador

ljuljačka

joguines

igračka

consola de jocs de vídeo

konzola za igre

tricicle

tricikl

osset de peluix

plišani medo

armari

ormar

roba

odjeća

mitjons

kratke čarape

mitges

čarape

mitja pantaló

hulahopke

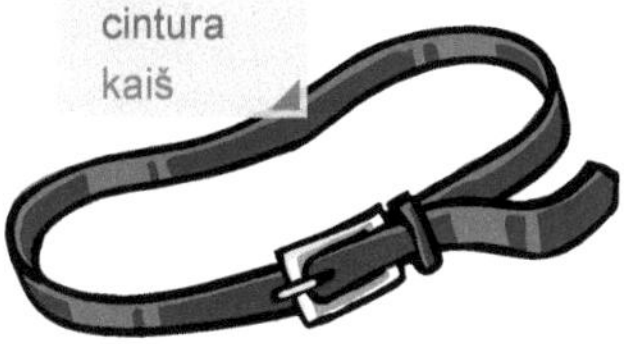

tapaçoll
šal

paraigua
kišobran

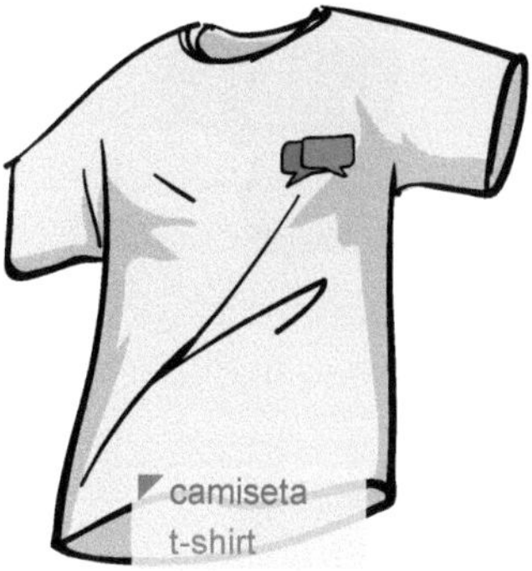

cintura
kaiš

camiseta
t-shirt

sabates d'esport
patike

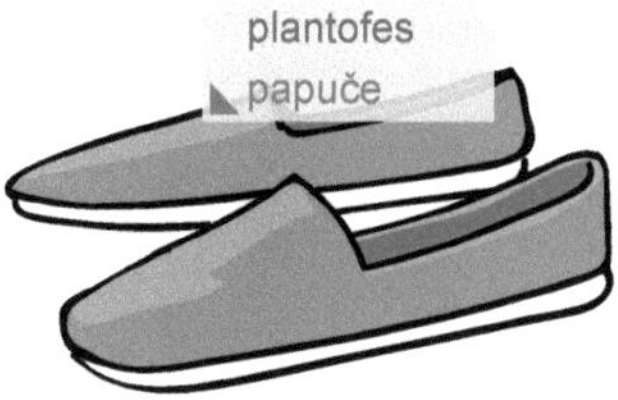

botes
čizme

plantofes
papuče

sandàlies
....
sandale

sabates
....
cipele

botes de goma
....
gumene čizme

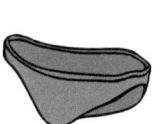

calçonets
....
gaćice

sostenidor
....
grudnjak

guardapits
....
potkošulja

jjustacòs
bodi

pantalons
hlače

jeans
džins

faldeta
haljina

brusa
bluza

camisa
košulja

jersei
džemper

dessuadora
pulover s kapuljačom

blazer
blejzer

jaqueta
jakna

mantell
kaput

impermeable
kabanica

vestit de dona
kostim

vestit de dona
haljina

vestit de núvia
vjenčanica

vestit d'home

odijelo

camisa de dormir

spavaćica

pijama

pidžama

sari

sari

mocador de cap

rubac

turbant

turban

burca

burka

caftan

kaftan

abaia

abaja

vestit de bany

kupaći kostim

calçon(et)s de bany

kupaće gaćice

pantalons curts

kratke hlače

xandall

odjeća za trening

davantal

pregača

guants

rukavice

botó

gumb

ulleres

naočale

braçalet

narukvica

collaret

ogrlica

anell

prsten

orellera

naušnica

casquet

kapa

penjador

vješalica

capell

šešir

corbata

kravata

cremallera

patent zatvarač

casc

kaciga

elàstics

naramenice

uniforme escolar

školska uniforma

uniforme

uniforma

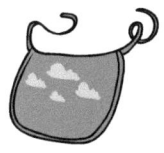

pitet

podbradak

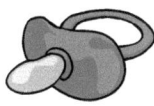

xumet

duda

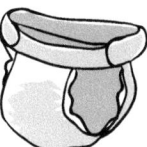

bolquer

pelena

oficina

ured

servidor
server
armari arxivador
ormar za spise
impressora
pisač
paper
papir
monitor
monitor
escriptori
pisaći stol
ratolí
miš
arxivador
mapa
teclat
tipkovnica
paperera
košara za papir
ordinador
računar
cadira
stolica

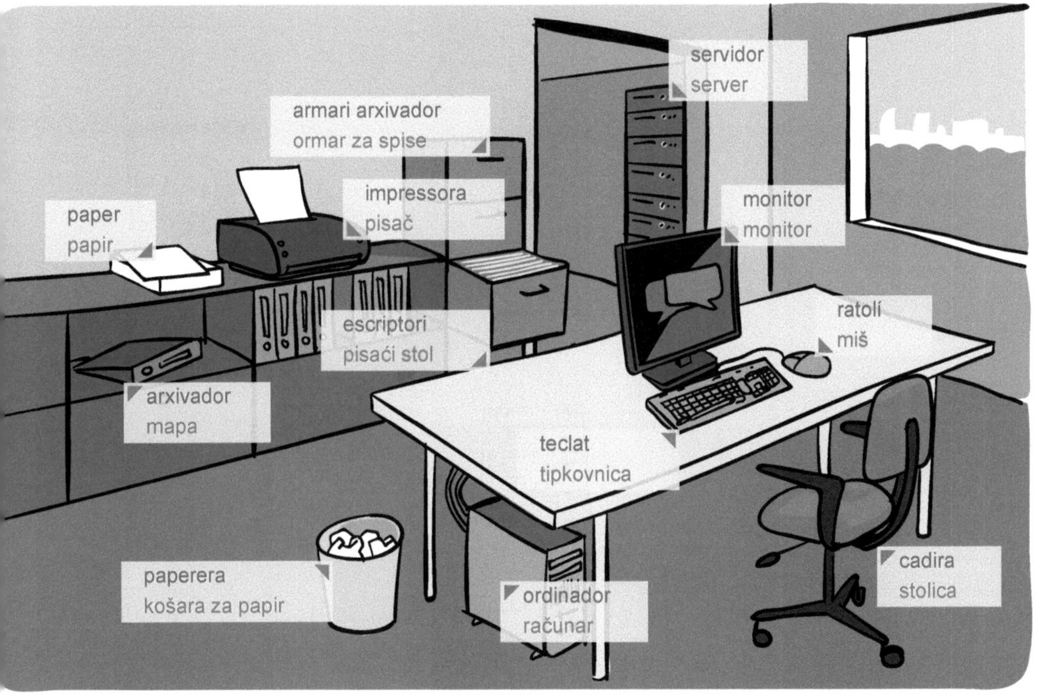

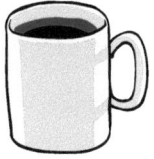

tassa de cafè

šalica za kavu

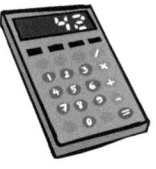

calculadora

kalkulator

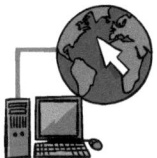

Internet

internet

ordinador portàtil

laptop

lletra

pismo

missatge

poruka

mòbil

mobilni telefon

xarxa

mreža

fotocopiadora

uređaj za kopiranje

programari

softver

telèfon

telefon

presa de corrent

utičnica

fax

faks

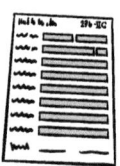

formulari

obrazac

document

dokument

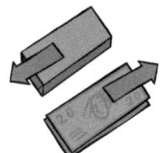

comprar

kupovati

pagar

platiti

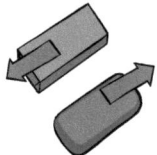

comerciar

trgovati

diners

novac

dòlar

dolar

euro

euro

ien

jen

ruble

rubalj

franc suís

švicarski franak

renminbi

renmindbi yuan

rupia

rupija

caixa automàtica

automat za novac

oficina de canvi

mjenjačnica

or

zlato

argent

srebro

petroli

nafta

energia

energija

preu

cijena

contracte

ugovor

impost

porez

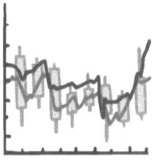

acció

dionica

treballar

raditi

treballador

službenik

empresari

poslodavac

fàbrica

tvornica

botiga

prodavaonica

oficial de policia
policajac

bomber
vatrogasac

cuiner
kuhar

doctora
liječnik

pilot
pilot

jardiner

vrtlar

fuster

stolar

costurera

krojačica

jutge

sudija

química

kemičar

actor

glumac

conductor d'autobús

vozač autobusa

taxista

vozač taksija

pescador

ribar

dona de la neteja

čistačica

ensostrador

krovopokrivač

cambrer

konobar

caçador

lovac

pintor

slikar

forner

pekar

electricista

električar

obrer de la construcció

građevinski radnik

enginyer

inženjer

carnisser

mesar

llanterner

limar

correu

poštar

soldat
vojnik

arquitecte
arhitekta

caixera
blagajnik

florista
cvjećar

perruquer
frizer

revisor
kondukter

mecànic
mehaničar

capità
kapetan

dentista
zubar

científic
znanstvenik

rabí
rabi

imam
imam

monjo
monah

capellà
svećenik

eines
alati

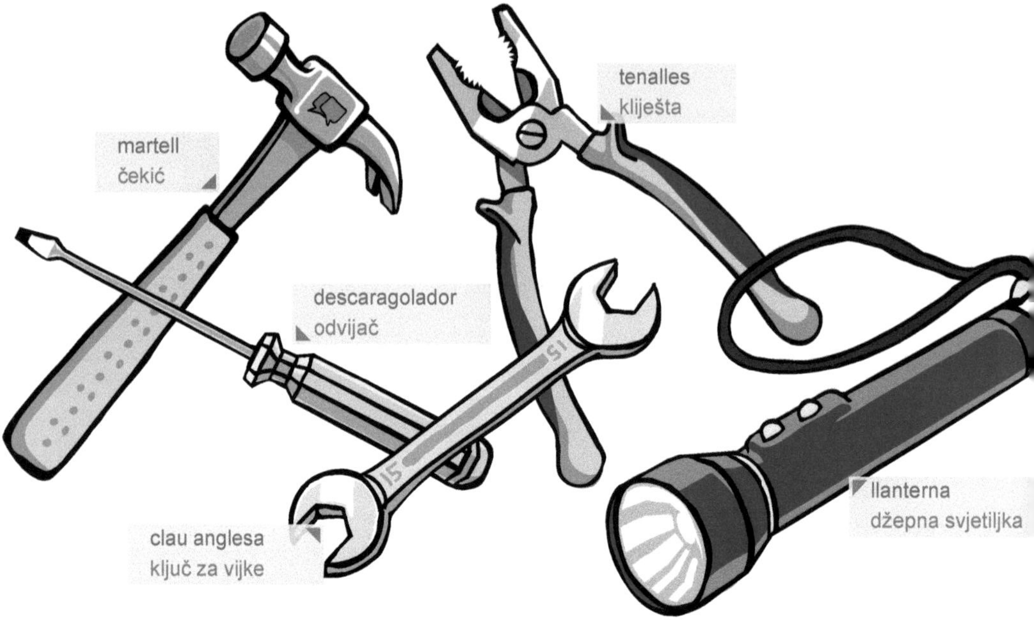
tenalles
kliješta
martell
čekić
descaragolador
odvijač
llanterna
džepna svjetiljka
clau anglesa
ključ za vijke

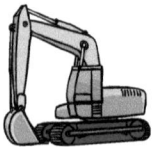

excavadora

rovokopač

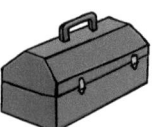

caixa d'eines

kutija za alat

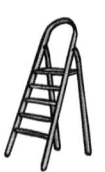

escala

ljestve

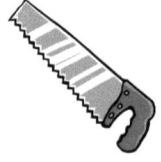

serra

pila

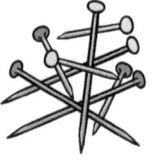

claus

ekser

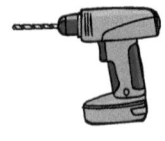

trepant

bušilica

reparar

popraviti

pala

lopata

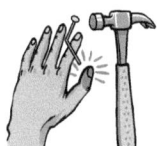

Maleït siga!

Sranje!

pala

lopatica

pot de pintura

lonac za boju

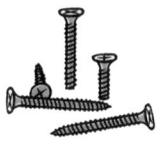

caragols

vijci

instrument de música
glazbeni instrument

bateria
bubnjevi

altaveu
zvučnik

guitarra
gitara

contrabaix
kontrabas

trompeta
truba

piano

klavir

violí

violina

baix

bas

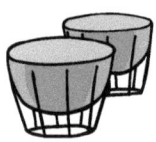

timbal

timpani

tambor

udaraljke za bubnjeve

teclat

keyboard

saxofon

saksofon

flauta

flauta

micròfon

mikrofon

zoo

zoološki vrt

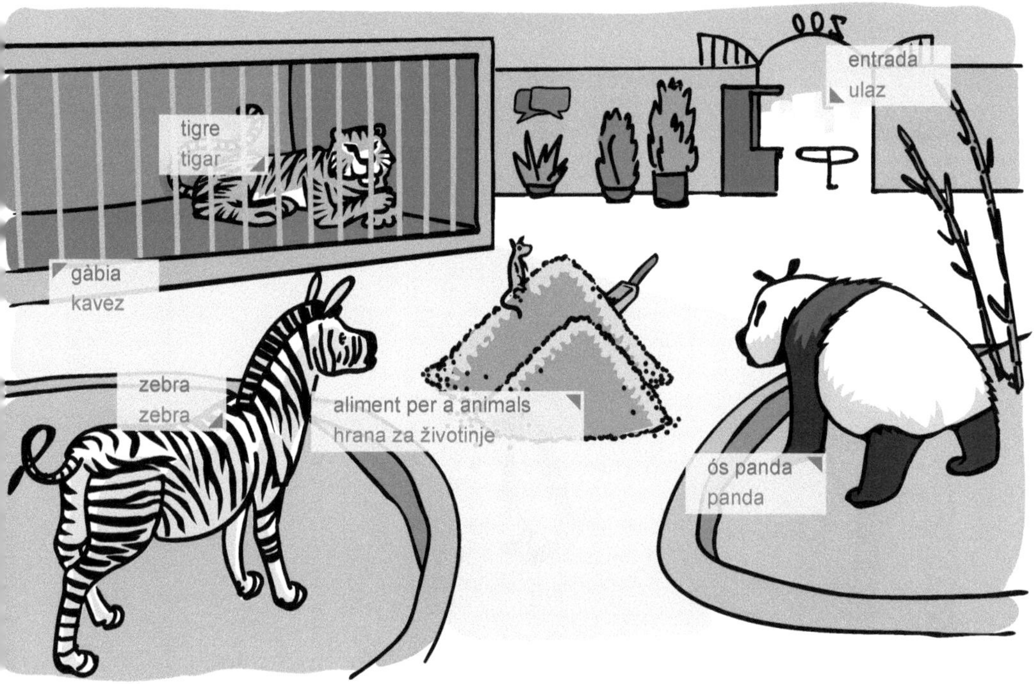

zoo
entrada
ulaz
tigre
tigar
gàbia
kavez
zebra
zebra
aliment per a animals
hrana za životinje
ós panda
panda

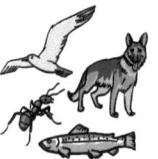

animals
životinje

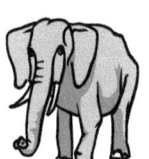

elefant
slon

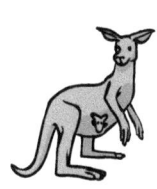

cangurú
kengur

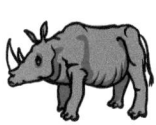

rinoceront
nosorog

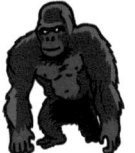

goril·la
gorila

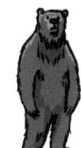

ós
medvjed

camell

kamila

estruç

noj

lleó

lav

simi

majmun

flamenc

flamingo

papagai

papagaj

ós polar

polarni medvjed

pingüí

pingvin

ca mari

ajkula

paó

paun

serp

zmija

cocodril

krokodil

guardià del zoo

čuvar u zoološkom vrtu

foca

tuljan

jaguar

jaguar

zoo - zoološki vrt

poni
poni

lleopard
leopard

hipopòtam
nilski konj

girafa
žirafa

àliga
orao

senglar
divlja svinja

peix
riba

tortuga
kornjača

morsa
morž

guineu
lisica

gasela
gazela

futbol americà
americki nogomet

ciclisme
biciklizam

tenis
tenis

bàsquet
košarka

natació
plivanje

boxa
boks

hoquei sobre gel
hockey na ledu

futbol americà
nogomet

bàdminton
badminton

atletisme
atletika

handbol
rukomet

esquí
skijanje

polo
polo

saltar
skočiti

abraçar
zagrliti

riure
smijati se

anar
ići

cantar
pjevati

somiar
sanjati

pregar
moliti se

fer un petó
poljubiti

escriure

pisati

dibuixar

crtati

mostrar

pokazati

pitjar

gurati

donar

dati

prendre

uzeti

tenir

imati

fer

činiti

ésser

biti

estar dret

stojati

córrer

trčati

estirar

povlačiti

llançar

baciti

caure

padati

jeure

ležati

esperar

čekati

portar

nositi

asseure's

sjediti

vestir-se

oblačiti

dormir

spavati

despertar-se

probuditi se

mirar

gledati

plorar

plakati

amoixar

milovati

pentinar

češljati

parlar

govoriti

comprendre

razumjeti

demanar

pitati

escoltar

slušati

beure

piti

menjar

jesti

endreçar

pospremiti

estimar

voljeti

cuinar

kuhati

conduir

voziti

volar

letjeti

navegar

ploviti

calcular

računati

llegir

čitati

aprendre

učiti

treballar

raditi

casar-se

vjenčati se

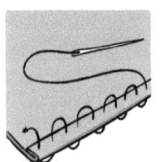

cosir

šiti

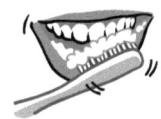

raspallar-se les dents

prati zube

matar

ubiti

fumar

pušiti

enviar

poslati

família
obitelj

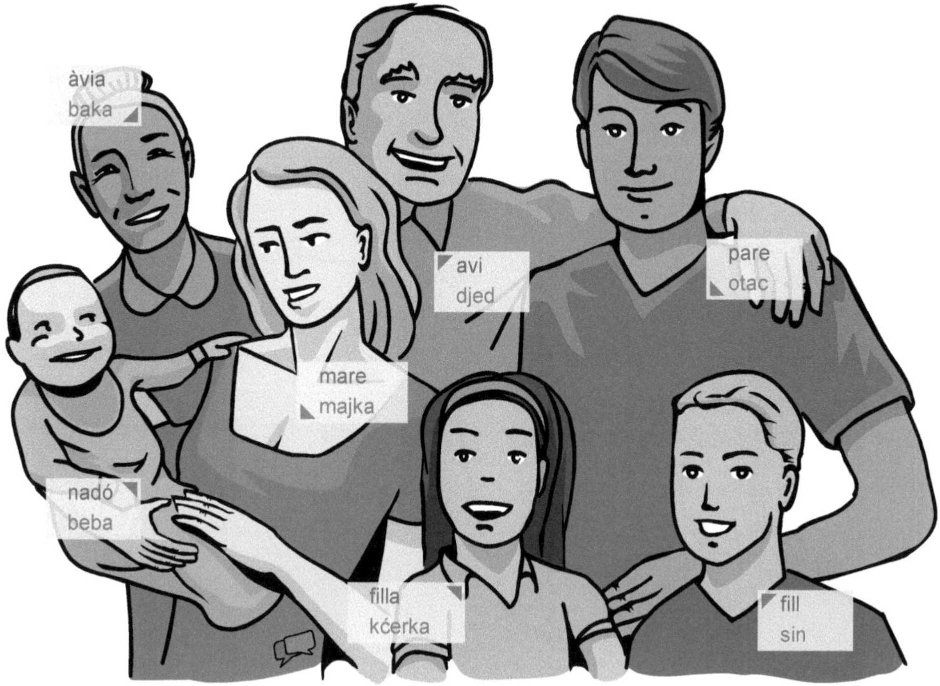

àvia
baka
avi
djed
pare
otac
mare
majka
nadó
beba
filla
kćerka
fill
sin

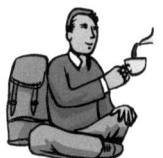

convidat

gost

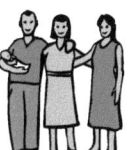

tia

tetka

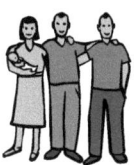

oncle

ujak, stric

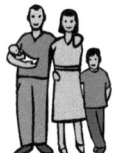

germà

brat

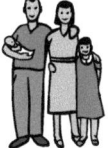

germana

sestra

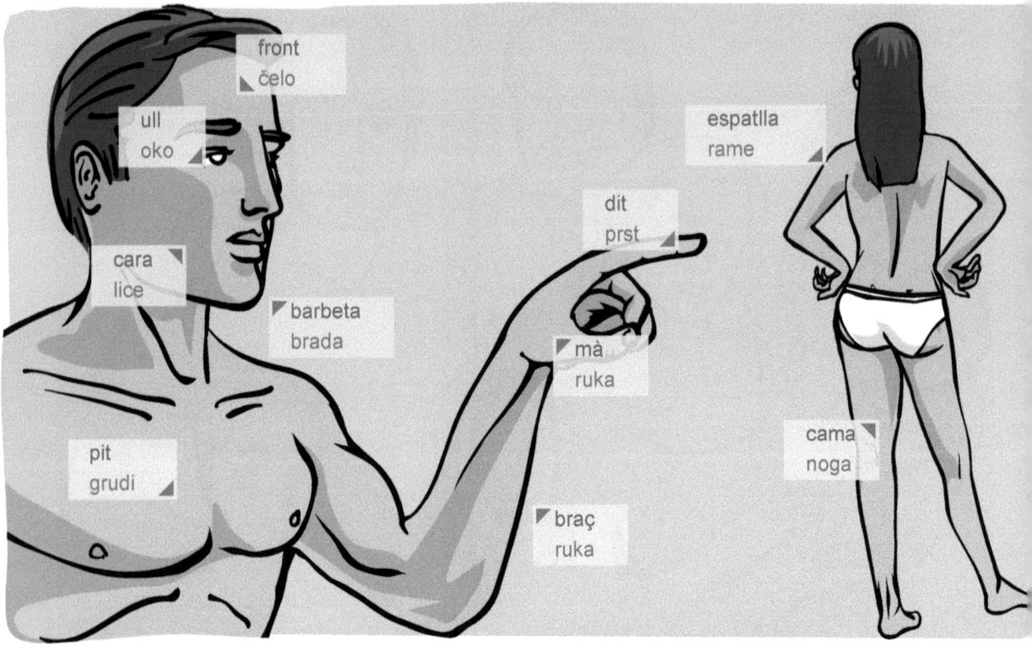

front
čelo

ull
oko

espatlla
rame

dit
prst

cara
lice

barbeta
brada

mà
ruka

pit
grudi

cama
noga

braç
ruka

nadó

beba

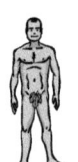

home

muškarac

dona

žena

noia

djevojčica

noi

dječak

cap

glava

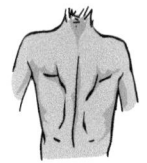

esquena

leđa

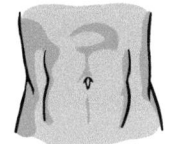

panxa

trbuh

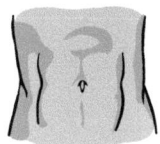

melic

pupak

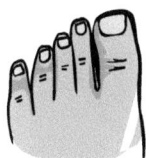

dit gros del peu

nožni prst

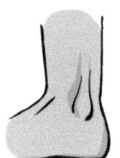

taló

peta

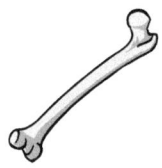

os

kost

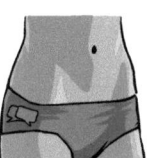

maluc

kuk

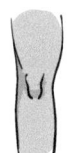

genoll

koljeno

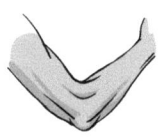

colze

lakat

nas

nos

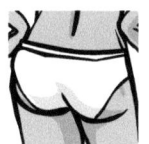

cul

stražnjica

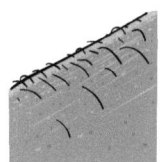

pell

koža

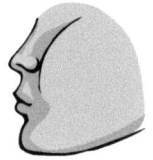

galta

obraz

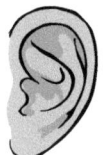

orella

uho

llavi

usna

boca

usta

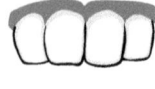

dent

zub

llengua

jezik

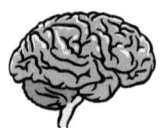

cervell

mozak

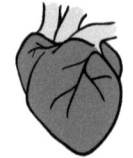

cor

srce

múscul

mišić

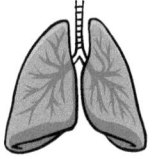

pulmó

pluća

fetge

jetra

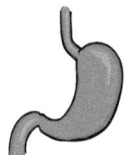

estómac

želudac

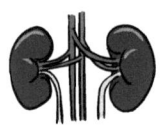

ronyó

bubrezi

relació sexual

snošaj

preservatiu

kondom

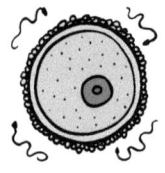

ovari

jajna stanica

semen

sperma

prenyat

trudnoća

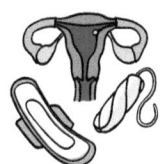

menstruació
menstruacija

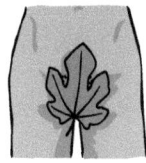

vagina
vagina

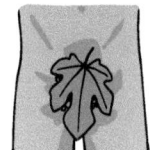

penis
penis

cella
obrva

cabells
kosa

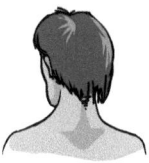

coll
vrat

hospital
bolnica

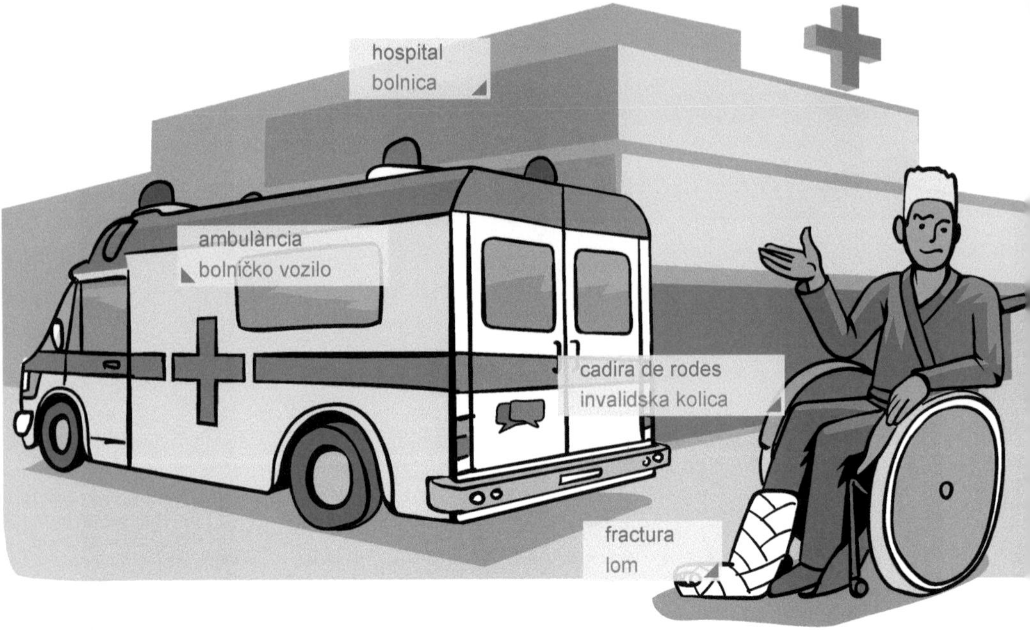

hospital
bolnica
ambulància
bolničko vozilo
cadira de rodes
invalidska kolica
fractura
lom

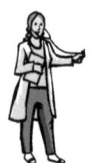

doctora

liječnik

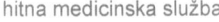

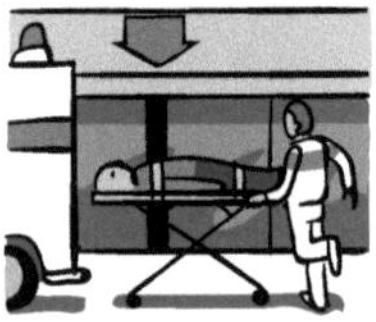

sala d'urgències

hitna medicinska služba

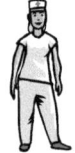

infermera

medicinska sestra

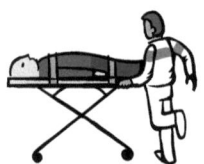

urgència

hitni slučaj

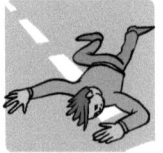

inconscient

nesvijest

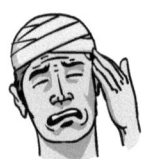

dolor

bol

ferida

ozljeda

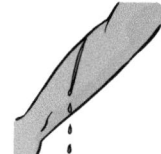

sagnament

krvarenje

atac de cor

srćani infarkt

apoplexia

moždani udar

al·lèrgia

alergija

tos

kašalj

febre

groznica

gripa

gripa

diarrea

proljev

mal de cap

glavobolja

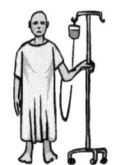

càncer

rak

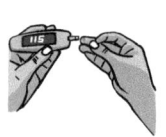

diabetis

dijabetes

cirurgià

kirurg

escalpel

skalpel

operació

operacija

tomografia computada (TC), TAC
ct

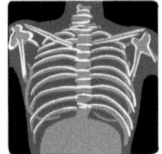

raigs x
rentgen

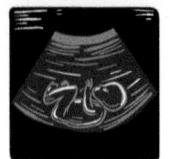

ultrasò
ultrazvuk

mascareta
maska

malaltia
bolest

sala d'espera
čekaonica

crossa
štaka

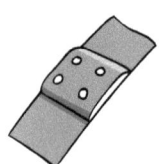

tireta
flaster

embenat
zavoj

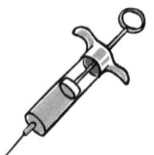

injecció
injekcija

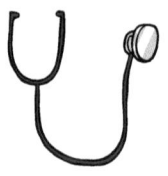

estetoscopi
stetoskop

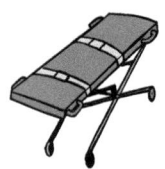

llitera
nosilo

termòmetre clínic
termometar

pariment
rođenje

sobrepès
prekomjerna težina

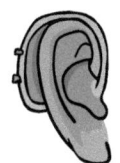

aparell auditiu

slušni aparat

desinfectant

sredstvo za dezinfekciju

infecció

infekcija

virus

virus

VIH / SIDA

hiv / sida

medicina

medicina

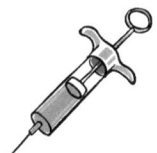

vaccí

vakcinacija

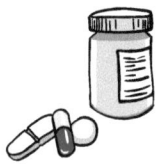

comprimits

tablete

píl·lola

pilula

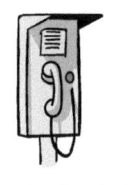

trucada d'urgència

poziv u pomoć

tensiòmetre

uređaj za mjerenje tlaka

malalt / sà

bolesno / zdravo

Socors!

pomoć!

alarma

alarm

assalt

nasrtaj

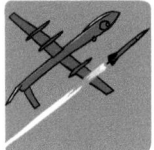

atac

napad

perill

opasnost

sortida-eixida d'urgència

izlaz za nuždu

Foc!

požar!

extintor

vatrogasni aparat

accident

nezgoda

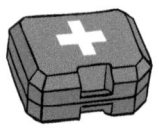

farmaciola de primers
auxilis

kofer prve pomoći

SOS

sos

policia

policija

Europa

Europa

Amèrica del Nord

sjeverna amerika

Amèrica del Sud

južna amerika

Àfrica

Afrika

Àsia

Azija

Austràlia

Australija

Atlàntic

Atlantik

Pacífic

Pacifik

Oceà Índic

ocean

Oceà Antàrtic

antarktički ocean

Oceà Àrtic

arktički ocean

pol nord

sjeverni pol

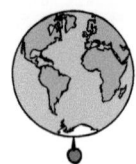

pol sud

južni pol

Antàrtida

Antarktik

terra

zemlja

país

zemlja

mar

more

illa

otok

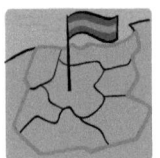

nació

nacija

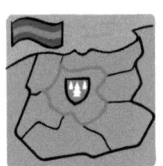

estat

država

quadrant
....
brojčanik sata

agulla de les hores
....
satna kazaljka

agulla dels minuts
....
minutna kazaljka

agulla dels segons
....
sekundna kazaljka

Quina hora és?
....
Koliko je sati?

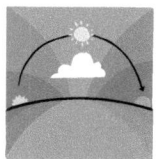

dia
....
dan

temps
....
vrijeme

ara
....
sada

rellotge digital
....
digitalni sat

minut
....
minuta

hora
....
sat

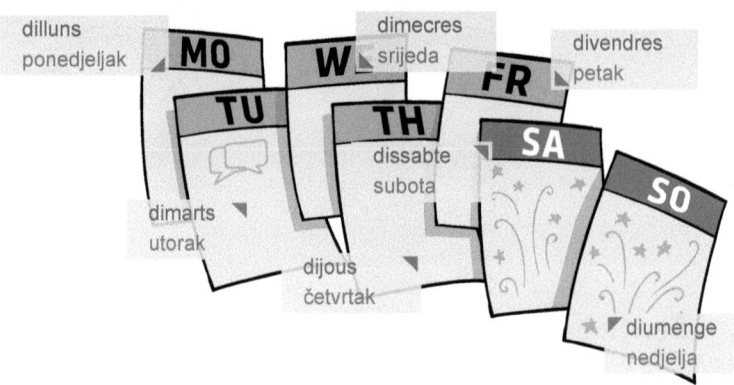

dilluns
ponedjeljak

dimecres
srijeda

divendres
petak

dimarts
utorak

dissabte
subota

dijous
četvrtak

diumenge
nedjelja

ahir

jučer

avui

danas

demà

sutra

matí

jutro

migdia

podne

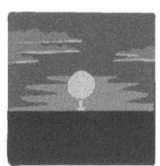

tarda

večer

dia feiner

radni dani

cap de setmana

vikend

any
godina

arc de Sant Martí
duga
pluja
kiša
neu
snijeg
vent
vjetar
primavera
proljeće
tardor
jesen
estiu
ljeto
hivern
zima

4.APRIL 11°
5.APRIL 4°
6.APRIL 13°
7.APRIL 8°
8.APRIL 10°

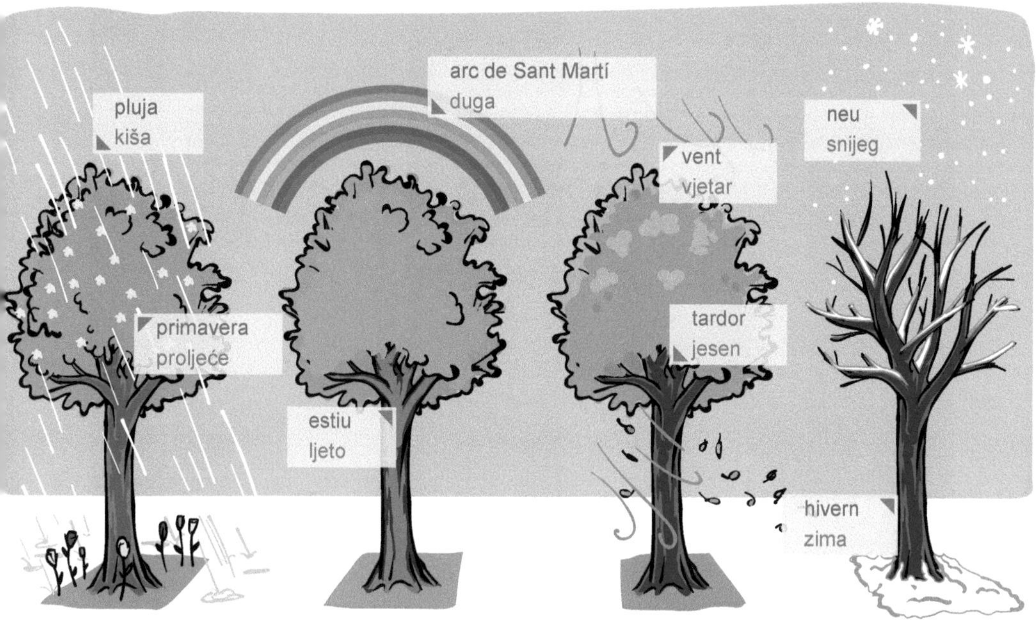

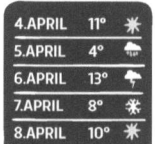

pronòstic del temps

meteorološka prognoza

F C
120 40
90 30
60 20
30 10
0 0
-30 -10
-20

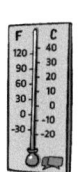

termòmetre

termometar

llum del sol

sunčana svjetlost

núvol

oblak

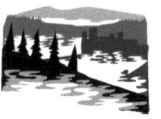

boira

magla

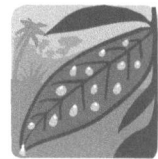

humiditat de l'aire

vlažnost zraka

llamp

munja

tro

grmljavina

tempesta

oluja

calamarsa

tuča

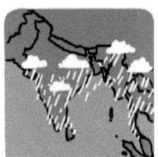

monsó

monsun

inundació

poplava

gel

led

gener

siječanj

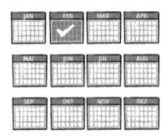

febrer

veljača

març

ožujak

abril

travanj

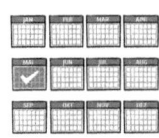

maig

svibanj

juny

lipanj

juliol

srpanj

agost

kolovoz

any - godina

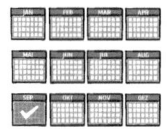

setembre
....
rujan

octubre
....
listopad

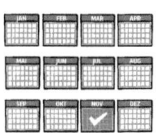

novembre
....
studeni

desembre
....
prosinac

cercle
....
krug

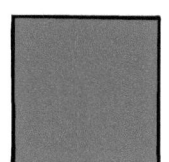

quadrat
....
kvadrat

rectangle
....
pravokutnik

triangle
....
trokut

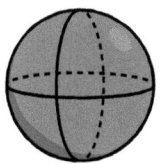

esfera
....
kugla

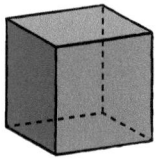

cub
....
kocka

blanc

bijela

groc

žuta

taronja

narančasta

rosa

ružičasta

vermell

crvena

lila

ljubičasta

blau

plava

verd

zelena

marró

smeđa

gris

siva

negre

crna

molt / poc

mnogo / malo

emprenyat / tranquil

ljutito / mirno

bonic / lleig

lijepo / ružno

començament / fi

početak / kraj

gran / petit

veliko / maleno

clar / fosc

svijetlo / tamno

germà / germana

brat / sestra

net / brut

čisto / prljavo

complet / incomplet

potpuno / nepotpuno

dia / nit

dan / noć

mort / viu

mrtvo / živo

ample / estret

široko / usko

comestible / immenjable

jestivo / nejestivo

dolent / amable

zlo / dobro

entusiasmat / entediat

uzbuđeno / dosadno

gros / prim

debelo / mršavo

primer / darrer

na početku / na kraju

amic / enemic

prijatelj / neprijatelj

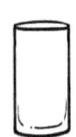

ple / buit

puno / prazno

dur / tou

tvrdo / mekano

pesant / lleuger

teško / lagano

gana / set

glad / žeđ

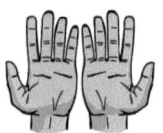

malalt / sà

bolesno / zdravo

il·legal / legal

ilegalno / legalno

intel·ligent / ximple

pametno / glupo

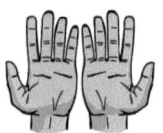

esquerra / dreta

lijevo / desno

prop / llunyà

blizu / daleko

nou / usat

novo / rabljeno

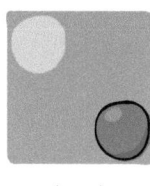

res / quelcom

ništa / nešto

vell / jove

staro / mlado

encès / apagat

uključeno / isključeno

obert / tancat

otvoreno / zatvoreno

silenciós / sorollós

tiho / glasno

ric / pobre

bogato / siromašno

correcte / incorrecte

točno / pogrešno

aspre / suau

hrapavo / glatko

trist / content

tužno / sretno

curt / llarg

kratko / dugo

lent / ràpid

polako / brzo

humit / sec - eixut

mokro / suho

calent / fred

toplo / hladno

guerra / pau

rat / mir

0

zero

nula

1

u

jedan

2

dos

dva

3

tres

tri

4

quatre

četiri

5

cinc

pet

6

sis

šest

7

set

sedam

8

vuit

osam

9

nou

devet

10

deu

deset

11

onze

jedanaest

12

dotze

dvanaest

13

tretze

trinaest

14

catorze

četrnaest

15

quinze

petnaest

16

setze

šestnaest

17

disset

sedamnaest

18

divuit

osamnaest

19

dinou

devetnaest

20

vint

dvadeset

100

cent

stotinu

1.000

mil

tisuću

1.000.000

milió

milijun

anglès
....
engleski

anglès americà
....
američko engleski

xinès mandarí
....
kinesko mandarinski

hindi
....
hindi

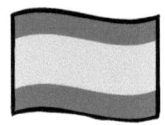

espanyol
....
španjolski

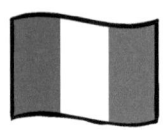

francès
....
francuski

àrab
....
arapski

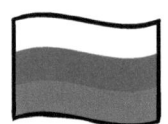

rus
....
ruski

portuguès
....
portugalski

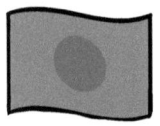

bengalí
....
bengalski

alemany
....
njemački

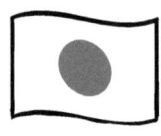

japonès
....
japanski

jo

ja

tu

ti

ell / ella / allò

on / ona / ono

nosaltres

mi

vosaltres

vi

ells

oni

qui?

tko?

què?

što?

com?

kako?

on?

gdje?

quan?

kada?

nom

ime

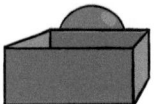

darrere

iza

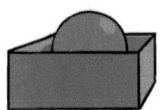

en

u

davant de

ispred

damunt

preko

sobre

na

sota

ispod

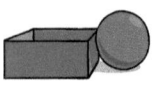

al costat

pored

entre

između

lloc

mjesto